RETOUR À BIRKENAU

Ginette Kolinka, née à Paris en 1925, est une survivante du camp de concentration d'Auschwitz-Birkenau. Au début des années 2000, elle devient l'une des ambassadrices de la mémoire de la Shoah et sillonne depuis la France et les écoles pour raconter son vécu aux jeunes générations.

GINETTE KOLINKA

avec

MARION RUGGIERI

Retour à Birkenau

GRASSET

Contenus pédagogiques à l'intention
des enseignants disponibles sur livredepoche.com

ISBN : 978-2-253-10130-7 – 1re publication LGF

Au nom de tous mes camarades
qui n'ont pas eu ma chance.

La dernière fois que je suis retournée à Birkenau, c'était au printemps. Les champs se couvraient de fleurs, l'herbe était verte, le ciel limpide, on pouvait entendre les oiseaux chanter. C'était beau.

Comment puis-je employer un mot pareil ? Et pourtant, je l'ai dit ce mot, je l'ai pensé : « C'est beau. »

Au loin, j'ai vu cette silhouette qui remontait le long de la prairie. D'abord, je n'y ai pas cru, je me suis dit « ce n'est pas possible », mais c'était bien ça : une joggeuse. Elle faisait son footing, ici. Sur cette terre grasse et méconnaissable, qui avait vu tant de morts, dans cet air qui sentait le petit matin frais, la rosée. Elle courait, tranquillement. J'en ai eu le souffle coupé. J'ai eu envie de hurler, de lui crier : « Es-tu folle ? »

L'étais-je, moi ?

Il ne faut pas retourner à Birkenau au printemps. Quand les enfants jouent sur leur toboggan dans les jardins des petites maisons longeant l'ancienne voie ferrée qui menait au camp et à son funeste arrêt, la *Judenrampe*.

16 avril 1944. Le train s'arrête enfin. J'ai l'impression d'avoir somnolé tout ce temps. Derrière la porte, on entend des voix qui crient, des chiens qui aboient, le bruit des gonds que l'on déverrouille : un air vif pénètre le wagon, comme c'est bon ! Après ces heures passées recroquevillés dans la pénombre et la puanteur. Combien de jours, de nuits ? On me dit trois jours et trois nuits, alors je répète, trois jours et trois nuits. Il y a mon père, mon petit frère, Gilbert, et mon neveu. Je me revois refuser quelque chose à mon frère dans le wagon. À manger peut-être ? Peut-être

nous ont-ils donné un peu de nourriture pour les enfants à Drancy ? Quelque chose pour les « J3 » ? Pendant la guerre, à cause des restrictions alimentaires, nous sommes partagés en catégories : il y a les J1, les bébés, les J2, les J3, etc. Les J1 ont du lait, les suivants ont du lait avec un peu de farine, les J3 ont des gâteaux secs, et les adultes ont le droit à du vin. Je m'entends lui répéter pendant le trajet : « Non, Gilbert, il ne faut pas tout manger d'un coup, on ne sait pas combien de temps peut durer le voyage… »

Mon père a 61 ans. Aujourd'hui cela paraît jeune. Le pauvre homme a réussi à subtiliser deux couvertures avant notre départ. Il est si maigre qu'il les a glissées dans son pantalon. Nous sommes assis dessus, tant bien que mal. Il y a un peu de paille sur le sol. C'est un train de marchandises, aveugle, sans fenêtres ni grillages. Longtemps, j'ai cru que nous avions embarqué Gare du Bourget, j'ai appris par la suite qu'il s'agissait de Bobigny.

À Bobigny, quand on débarque des autobus de Drancy, il n'y a plus de policiers français. J'entends des cris, des ordres, des hurlements. On nous pousse violemment pour nous regrouper. Puis on nous pousse encore jusqu'au quai. Je vois le train de marchandises, je pense naïvement qu'il va partir et qu'un autre train va arriver pour nous. Mais on nous pousse à nouveau vers les wagons : *Schnell !* C'est le premier mot que j'apprends en allemand.

Dans le wagon, on ne se quitte pas, on reste ensemble, Papa, Gilbert, mon neveu et moi, nos regards tendus vers la clarté du quai, debout, serrés, d'ailleurs personne ne s'assoit tant que les portes sont ouvertes. Je vois toutes ces silhouettes qu'on entasse jusqu'à les confondre. Une vague d'ombres. Un lourd bruit de ferraille étouffe le dernier rayon de lumière. On verrouille les serrures. La nuit tombe et je n'ai pas peur. Je pense que l'on va pouvoir travailler dans les champs ou à l'usine. Mon petit neveu a 14 ans, mais il fait jeune homme, il est costaud, débrouillard. Quant à mon père, il sait piquer à la machine, je le rassure : « On te mettra à l'atelier ! » Comment ai-je pu croire, jusqu'au bout, que j'allais travailler ? Comment ai-je pu ne me douter de rien ? Dans l'obscurité, mes yeux s'habituent à voir : la paille, au sol, un genre de seau, de tonneau dans un coin. S'asseoir est presque impossible. Nous sommes si nombreux entassés là. Et une fois assis, comment placer ses jambes ? Et une fois ses jambes placées, comment se relever, faire ses besoins ? Je me le demande... Se lever sans marcher sur les autres est un drôle d'exercice : une fois posée, je n'ai pas le souvenir d'avoir bougé.

Les phares nous aveuglent. Des soldats hurlent : *Schnell !* On nous pousse, on nous soulève de force, on nous fait signe de descendre. Des femmes s'accrochent à leur maigre bagage, mais on les en empêche, on leur tord le bras, les valises restent là. Il y a des cris, des bousculades, des ordres en allemand. Sur le quai, les chiens aboient. Je ne comprends rien. Quelqu'un me traduit : « On va nous emmener à pied au camp, mais le camp est loin. Il y a des camions pour les plus fatigués. »

Cette phrase, soixante-dix ans après, résonne encore en moi. « Il y a des camions pour les plus fatigués. » Dans ma naïveté, cette naïveté qui m'a peut-être sauvée et qui les a condamnés, je pense à mon père, amaigri par ces dernières semaines, exténué par le voyage, je pense à Gilbert, mon petit frère, qui n'a que 12 ans, à sa petite tête ébouriffée. Et je m'entends leur crier : « Papa, Gilbert, prenez le camion ! »

C'est toujours ça qu'ils n'auront pas à faire à pied.

Je ne les embrasse pas. Ils disparaissent.

Ils disparaissent.

Je reste sur le quai, avec mon neveu, aveuglée par les lumières. L'aube se lève. Quelqu'un crie : « Les hommes d'un côté, les femmes et les enfants de l'autre. » Je prends mon neveu avec moi, il a 14 ans, c'est encore un enfant même s'il fait plus vieux. Mais il s'est fait des copains à Drancy ou dans le train, un peu plus âgés que lui, et préfère rester avec eux. Je le comprends, après tout, j'ai 19 ans et j'aurais fait pareil ! Lui non plus, je ne l'embrasse pas.

« Va, va avec tes copains, à tout à l'heure. »

Nous sommes regroupés par cinq. Chaque rang passe devant des soldats qui nous trient et nous placent de part et d'autre d'une ligne imaginaire. Je suis bonne pour marcher, les autres montent dans les camions, même celles qui ne veulent pas. J'apprends que nous sommes à Birkenau, en Pologne, et à chaque pas je pense à Gilbert et Papa, comme ils ont bien fait de s'épargner ça. J'aperçois de la fumée, sans doute la cheminée de l'usine, et d'ailleurs, il y a des femmes qui travaillent au loin. Plus nous approchons, plus elles me semblent étranges, chauves, anormalement maigres, on dirait des folles. J'ai encore toute ma tête et, à cet instant, je me demande s'il n'y aurait pas un camp d'aliénés dans les environs. Elles nous dévisagent par en dessous, je remarque leurs yeux perdus, enfoncés dans les orbites.

Après un kilomètre de marche environ, nous tournons à gauche pour pénétrer dans un vaste bâtiment. Des tables longent un côté de la salle, et derrière ces tables, des femmes nous attendent, deux par deux. Nous sommes debout. « Déshabillez-vous ! », ordonnent-elles. Certaines d'entre nous ont encore leur manteau ou leur veste, je ne porte qu'un chandail en laine. Je l'ôte, je le plie et le pose à terre. *Schnell ! Schnell !* Je continue, j'enlève ma robe ou ma jupe, je ne sais plus, et je demeure ainsi, debout, en combinaison. C'est encore trop, alors je fais glisser ma combinaison, pour ne garder que mes sous-vêtements. Je suis la cadette de six sœurs, nous dormons ensemble tous les soirs, dans la même chambre, trois par lit, et je ne les ai jamais vues nues. Ma mère nous a élevées ainsi. À cet instant, j'espère encore... Et c'est tout mon monde qui vacille. Je dégrafe mon soutien-gorge, fais glisser ma culotte. Je tente de cacher mon sexe d'une main, mes seins de l'autre. Je baisse les yeux, mais malgré moi je vois et ce que je vois, je ne l'aurais jamais imaginé : des seins affalés sur des plis de chair, la peau du ventre qui tombe sur les cuisses... On nous demande d'avancer vers la table. Faut-il écrire quelque chose, signer un papier ? Une des deux femmes me saisit le bras, je suis à nu. Elle me tatoue : matricule 78599. Il y en a, paraît-il, qui hurlent de douleur, de surprise, d'effroi. Je ne sais même pas si ça fait mal, tant la honte de la nudité est forte, cuisante. Je ne sens rien d'autre.

De toute façon, je n'ai pas le temps de réfléchir, personne n'a plus ce temps, il appartient au passé, à la désorganisation. À peine tatouées, nous sommes dirigées nues vers une autre salle. Là, des femmes nous rasent. Elles nous rasent, devant tout le monde. Non seulement la tête, mais aussi les poils du sexe. Il faut être drôlement perverse... Qui sont-elles ? Des Polonaises ? Des Allemandes ? Des déportées ? Parlent-elles yiddish ? Allemand ? Certaines, parmi nous, les comprennent et les pressent de questions, les implorent : « Mon fils est monté dans un camion, où est-il ? », « On m'a dit de donner mon bébé à ma mère, je l'ai donné à ma mère, quand vais-je les revoir ? » Elles semblent là depuis longtemps, alors elles doivent savoir. Et ces filles de répondre, l'air mauvais, en continuant leur besogne : « Vous voyez la fumée, dehors ? Ils sont là ! Ce sont leurs corps, vos familles, qu'on brûle ! » Elles balancent ça, mais personne ne les croit. Comment voulez-vous les croire ? Moi, en tout cas, je ne les crois pas. Je me dis que ce n'est pas possible, que ces filles, à force, sont devenues inhumaines. Elles nous jalousent, surtout nous, les Françaises, qui passons pour frivoles, des prétentieuses qui ne savent pas ce que c'est que de souffrir. Elles nous imitent, prennent notre accent, se moquent de nos manières affectées, se vengent. Mais qui sait ce que j'aurais fait à leur place ? Qui sait si je ne serais pas devenue comme elles ?

Elles nous répètent : « Tous ceux qui sont montés dans les camions sont allés dans les chambres à gaz. Ils ont été assassinés et leurs corps brûlés. »

Je ne les crois pas, mais je sais.

Je ne pense plus qu'à ça.

Le sol se couvre d'un épais tapis de cheveux où flottent de longues boucles intactes : douces, ondulées, tout droit venues de l'enfance.

On nous pousse vers les douches. Quelques gouttes froides, pas de savon, pas de serviette. Juste de quoi nous mouiller. Nous nous regardons, nues, le crâne et le pubis rasés, grelottantes, hagardes. Avilies. Une mère n'aurait pas reconnu sa propre fille. Dans la file qui nous conduit à la distribution de vêtements, je passe la main sur ma tête humide, j'ai gardé un peu de cheveux. Marceline, qui a fait le trajet avec moi depuis Marseille et qu'on distingue facilement à sa crinière rousse, aussi. Les filles nous jettent des haillons à la figure. Les juives n'ont pas droit aux robes rayées, c'est trop beau pour elles, les robes rayées sont pour les prisonnières politiques, et lorsque je nous vois, encore aujourd'hui, représentées ainsi, ça me rend malade. Peu importe que l'on soit mince, grosse, petite ou grande, nous attrapons ce qu'on veut bien nous jeter. Je tombe sur une espèce de combinaison, un pull-over et une jupe en tricot. Les chaussures, je ne m'en souviens pas. En revanche, pas de chaussettes, pas de bas, pas de soutien-gorge et pas de culotte. J'ai les jambes nues, les fesses nues, je ne sens que ça, le contact obscène de la peau contre le tissu. Une fois vêtue, une femme me retourne et me peint une grande croix dans le dos. Elle m'emmène avec les autres.

Imaginez.

Une grande baraque. Le sol est en terre battue, enfin c'est ce que je crois. Ça sent si fort que même les portes ouvertes n'y font rien. Dans cette baraque, il y a des femmes assises côte à côte, dos à dos, à perte de vue, sur des planches de bois en train de faire leurs besoins. Toutes ensemble. Un alignement de fesses. Il y en a une, en particulier, ses fesses sont de toutes les couleurs : jaunes, roses, violacées. Mais ce n'est pas tant ça qui me choque, c'est ce qu'elle fait : elle urine dans ses mains et se passe ça sur les fesses.

À côté d'elle, je vois cette autre femme, sa colonne vertébrale lui crève la peau du dos, les os de son bassin, on dirait un squelette, comme sur les planches d'anatomie à l'école. Comment est-ce possible ? Et au milieu de tout ça, il y a la responsable du *bloc* qui cuisine. Elle est là, dans cet enfer de puanteur, face à toutes ces fesses qui font leurs besoins, avec son petit fourneau. Elle fait sa popote. Si l'une refuse de s'asseoir, elle lui appuie dessus, par vacherie. Quand elle tarde à partir, elle la chasse. Et justement, il faut qu'elles partent, toutes, peut-être parce que l'on arrive. Et celle qui n'a pas fini, tant pis, on la pousse, on la vire, si ce n'est pas la *kapo*, c'est une autre déportée. Ce qu'elle est en train de faire, elle continue de le faire, ça coule le long de ses jambes, des excréments, de l'urine, sur ses hardes, sur le sol. Je regarde à mes pieds.

Puis vient notre tour, c'est à nous de nous asseoir. Je ne veux pas, je ne peux pas. Mais celles qui refusent, qui restent en l'air, encore une fois, la kapo les force, elle leur appuie sur les épaules, leur balance un coup dans le ventre. Très vite, je vais comprendre que nous ne choisissons pas d'aller aux toilettes, on nous y emmène. Nous sommes toutes pressées, toutes malades, et personne ou presque n'a de culotte. Alors si on n'a pas la chance d'avoir un trou pour soi, on écarte celle qui est assise. Et si on a un petit quelque chose à échanger, comme des pelures de patates, on le donne à la kapo et à la responsable qui ferment les yeux quand on reste un peu plus longtemps.

Moi-même, je le raconte, je le vois, et je me dis ce n'est pas possible d'avoir survécu à ça. Je vois et je sens.

Mais vous, qu'est-ce que vous voyez ?

Lorsque je retourne au camp pour accompagner des classes, je veux toujours montrer cet endroit aux élèves. Sinon, on passe devant sans s'y arrêter, ce n'est qu'une salle vide et propre. Pour les guides ça n'a pas grande importance, je crois. Ils ne réalisent pas.

Jusqu'ici, nous étions encore des êtres humains.

Nous ne sommes plus rien.

La baraque de la quarantaine est une succession de niches en bois sur trois niveaux d'environ 1,50 mètre de haut, la *coya*. La *blokova* chargée de nous surveiller nous sépare brutalement par petits groupes et nous aligne devant chaque box. Dans ma rangée, nous sommes dix-huit. Elle parle fort, je ne comprends rien à son jargon, mais ses gestes suffisent : nous allons dormir à six par étage. Comme il est impossible de tenir à six sur la paillasse, couchées sur le dos, nous devons nous mettre tête-bêche, encastrées les unes dans les autres. Nous avons le droit à deux couvertures qui me soulèvent le cœur rien qu'à les regarder. Mais il faut se coucher, maintenant, alors bêtement je me déshabille. J'enlève mon tricot et ma jupe pour m'en faire un oreiller, je garde ma combinaison. Certaines sont habillées, d'autres non. Nous ne nous sommes pas lavées depuis trois jours, les quelques gouttes d'eau de la douche n'y ont rien changé. J'ai les pieds sales d'une fille dans la figure, sous les yeux, contre mon nez, dans ma bouche. Et je m'endors tout de suite. Je ne pense ni à mon père, ni à mon frère, ni à mon neveu. Je tombe. Une nuit sans rêve.

Aufstehen ! « Debout ! » C'est l'appel… La blokova a allumé les lumières. À peine couchées, il faut se lever. Il est 3 heures 30 du matin. Nous avons trois minutes pour récupérer nos guenilles, descendre du lit, nous habiller et nous réunir dehors. Je cherche mes vêtements à tâtons.

La voilà qui passe devant notre coya : je ne suis pas prête. Pourtant je suis au deuxième étage, à une bonne place, je suis rentrée en dernier donc je dors près du bord, je n'ai pas à m'extraire de la paillasse comme les autres, à attendre celles qui traînent… La douleur est une surprise. Je ne la vois pas venir, je l'entends : *Schlag !*, *Schlag !*, et je sens la crosse qui me brise les os. Ce sont les premiers coups que je reçois de ma vie. Et la dernière fois que je me déshabille avant d'aller dormir.

Toutes les femmes qui ont un poste, aussi misérable soit-il, ont de quoi nous frapper. Elles ont le droit, alors elles en profitent.

L'appel ne dure pas longtemps. La blokova ne compte que les déportés de sa baraque. Combien sommes-nous là-dedans : 600 ? 700 ? Franchement, je n'en ai aucune idée. Nous sommes dehors, alignées comme des revenants. Si un pied dépasse, on vous cogne. Chaque rang doit être au complet. Tout le monde doit répondre à l'appel. Même les malades, même les morts. Lorsqu'une copine n'est pas bien, on la porte, on la tient, elle n'a pas le droit d'être assise ni couchée. Les mortes, on les traîne. La première morte, on la respecte, on est ému, on n'a jamais vu ça. On l'attrape par les pieds et les bras, une fille devant, une fille derrière, ses fesses accrochent un peu la terre. On essaie de la faire tenir debout à nos côtés tant bien que mal, de la placer comme il faut, dignement. Après, on n'a plus le temps, plus le respect de la mort : vous avez un bras là, la tête qui pend, le corps en vrac. La première fois que je me suis réveillée à Birkenau, j'ai vu des tas de chiffons aux coins de la baraque.

C'étaient les mortes de la nuit.

L'appel est fini, le compte est bon. Il faut des volontaires pour aller chercher le « café ». La baraque est loin des cuisines, personne ne se propose. À coups de *schlague*, la kapo rassemble douze personnes. Quatre par seau. Ce sont des tonneaux soutenus par des poignées en métal. Nous sommes deux devant, une par poignée, et deux derrière pour une seule poignée. Celles qui sont derrière doivent donc tenir la poignée d'une main et poser l'autre main sur l'épaule de la camarade qui est devant, pour ne pas lui marcher sur les talons. Au retour des cuisines, la distribution peut commencer. Les filles nous servent dans une écuelle en fer ou une boîte de conserve qui a tellement servi que le bord en est rouillé. Ça me rappelle que lorsque j'étais petite, dans certaines maisons, il n'y avait pas de couverts en aluminium ou en argent, mais des couverts en fer, ça m'amusait, ça collait aux lèvres… Nous sommes cinq par rang, cinq pour une seule écuelle. Nous ne disposons pas de cuillère, « trop chic pour les juives ». Celles qui ont de grandes bouches, celles qui ont du souffle sont donc avantagées. La première fait ce qu'elle veut, la deuxième aussi. À partir de la troisième, il faut aspirer le plus possible, il faut du souffle pour boire un maximum de liquide. Pendant ce temps-là, la dernière commence à avoir peur. Elle sait qu'il ne restera peut-être rien pour elle.

Les coups tombent souvent au hasard.

En quarantaine, on ne travaille pas, mais la blokova peut venir à tout instant nous chercher pour une corvée. Elle me trouve assise au dernier étage de la coya, les jambes dans le vide, pour la simple raison qu'il est impossible de tenir droite au milieu et en bas. J'écoute ce que les autres filles racontent mais je ne participe pas. Je suis sauvage, timide. Je ne pense qu'à mon père et mon frère. La blokova me met un grand coup dans les genoux puis me tire à terre. Je tombe en m'éraflant le dos contre la tranche du lit. Elle m'ordonne de la suivre avec plusieurs filles, dont une plus âgée, qui doit avoir dans les 40 ans et qui a l'accent de Marseille. Dans la baraque à outils, elle pointe une espèce de large plateau un peu creux retenu par deux poignées sur les côtés, un *trag*. Puis elle nous plante face à un amas de pierres. Notre travail : poser les pierres sur le trag et les transporter jusqu'à un autre endroit.

La quarantaine n'a rien à voir avec les maladies, c'est un apprentissage de ce qu'est la vie du camp. Il n'y a pas d'explications, pas de mode d'emploi, on apprend ou on meurt.

Je fais équipe avec la Marseillaise, elle s'appelle Aimée. Il faut charger là, décharger là-bas. Une fois plein de pierres le trag est impossible à soulever, alors j'en enlève une, deux. Et ainsi de suite. À la longue, je ne vois personne pour nous surveiller, je pose de moins en moins de pierres, peut-être trois, quatre… C'est alors qu'elle nous tombe dessus, une soldate qui devait nous observer au loin. Elle parle allemand, je ne comprends rien, si ce n'est sa colère. Nous ne connaissons pas encore les règles : ne pas regarder dans les yeux, ne jamais répondre. Aimée lui rétorque : « Mais qu'est-ce que tu me veux ? J'te comprends pas, t'as pas à nous parler comme ça ! » La soldate brandit sa crosse, lui cogne l'arcade sourcilière, lui ouvre la lèvre, puis la roue de coups comme une furie jusqu'à ce qu'elle tombe à terre et, là encore, elle s'acharne, lui file des grands coups de bottes, dans le ventre, dans la tête, dans les jambes, tandis que le corps d'Aimée se recroqueville. Et moi, derrière, je ne sais que répéter : *Nicht Verstehen !*, *Nicht Verstehen !*, « on comprend pas, on comprend pas… »

Une fois calmée, la soldate relève Aimée et nous oblige à remplir de nouveau le trag.

Pour être certaine qu'on garde la cadence, elle court à nos côtés tout du long, deux, trois, quatre fois de suite, jusqu'à ce qu'elle se lasse. Après plusieurs heures, Aimée a le visage barbouillé de sang séché et je ne sens plus mes mains. De retour à la baraque, les copines nous pressent de questions : « Que s'est-il passé ? Qu'avez-vous fait ? Vous êtes tombées ? » Dans l'affolement, je réponds : « Il ne faut pas leur répondre, il ne faut pas les regarder, il faut juste obéir. » La blokova est là, qui nous suit du regard. Elle s'approche d'Aimée, sort un tissu et lui nettoie doucement le visage. A-t-elle pitié ? Aimée lui saisit la main. Elle pose son doigt violacé et déformé par les coups sur la paume dure et sèche de la kapo, y trace de mystérieuses figures et se met à murmurer une petite musique de signes, de regards, de borborygmes. Elle lui lit l'avenir ! Dans sa déveine, Aimée a trouvé son salut : elle s'est improvisée chiromancienne. Ce sera sa planque. Moi je ne pense qu'à la dérouillée du matin. À la main de la kapo, un battoir, pire qu'un coup de trique. Au corps d'Aimée, laissée pour morte.

Je décide de me faire la plus petite possible, de ne jamais me révolter, de tout accepter.

À l'heure de la pause, nous nous mettons en file sous le regard de la kapo. Le matin, tout le monde essaie d'être devant, parmi les premières. Pour la soupe c'est le contraire, mieux vaut se trouver à la fin : avec un peu de chance, on peut espérer récupérer un morceau au fond du tonneau. Mais la kapo, elle aussi, attend. Elle pourrait mélanger, elle s'en garde bien. Celle qui veut changer de place risque de se faire passer à tabac par les autres déportées, ou pire, de se retrouver bonne dernière et de ne plus rien avoir à manger. Le mieux est donc de ne pas bouger. La « soupe », comme le « café », ressemble à de l'eau sale. Les chances d'y trouver quelque chose de consistant sont infimes. Quand par miracle un bout de patate surnage dans notre écuelle, la kapo l'attrape avec ses doigts et le dépose dans un seau qu'elle garde au pied du tonneau pour elle et ses copines. Nous sommes, comme pour le café, cinq à nous partager une seule écuelle. Dès lors je n'ai plus qu'une idée en tête : posséder ma propre écuelle.

Personne n'ose s'asseoir. Il faut manger vite et debout pour se remettre à la tâche. Le travail est dicté par l'outil. On ne sait jamais ce que l'on va faire à l'avance, ni à quoi cela sert. Celles qui ont une pioche vont creuser, celles qui ont une brouette vont ramasser de la terre, celles qui ont une pelle vont déblayer et ainsi de suite. Toute la journée, avec mon *commando*, je creuse des fossés plus ou moins profonds, je taille des pierres, je crée des routes, je pose des rails qui, dès le mois de mai, permettront aux trains d'amener les déportés directement à l'intérieur du camp. Les équipes sont tournantes, j'ai du mal à me faire des camarades. D'ailleurs, j'ai récemment réalisé, il y a trois ou quatre ans, que je n'avais aucun souvenir des filles de Birkenau.

Pas un visage, un prénom.

Rien.

Les nazis sont obsédés par la propreté des outils et des chaussures. Nous sommes vêtues de haillons, mais chaque soir, à 18 heures, les outils doivent être rangés dans leur baraque et impeccables. J'enlève d'abord la terre et la boue en grattant avec les doigts, puis je les frotte à mes vêtements jusqu'à ce qu'ils soient bien lustrés, enfin j'essuie mes mains sur mes vêtements. Nos vêtements, eux, ne sont jamais lavés, ils vont à la désinfection. Tous les combien ? Une fois par mois. Tous les deux mois.

Le soir, pour rejoindre nos baraques, nous défilons devant une rangée d'officiers, la tête tournée vers eux mais les yeux baissés. C'est la partie dangereuse. Ils sont à droite et, sur la gauche, se tient l'orchestre de femmes qui joue des airs entraînants pour le départ et le retour du travail. La musique militaire nous force à garder la cadence, même épuisées, à rester impeccablement alignées. Si l'une d'entre nous défaille ou sort du rang, du rythme, elle est frappée. Le passage en revue terminé, nous pouvons à nouveau nous traîner jusqu'aux baraques pour l'appel du soir, le pire de la journée. Il faut compter tout le monde, c'est-à-dire l'ensemble de Birkenau et pas seulement notre baraque. Les kapo, les blokova, toutes celles qui tiennent un rôle, aussi insignifiant soit-il, s'y attellent et transmettent le résultat au chef de camp.

Combien sommes-nous ? 10 000 ? 15 000 ? Il faut recommencer, encore et encore. Des heures au garde-à-vous, gelées, tremblantes, épuisées. Je voudrais m'asseoir, m'écrouler, dormir, mais non : il faut rester debout et se tenir droite. Pareil pour les malades, les blessées… Parfois, il y en a une qui tombe de fatigue ou de fièvre, son corps lourd comme un tronc manque de nous assommer. Vite, se relever.

Dès que la kapo est passée, je glisse mes mains sous les aisselles de la fille devant moi, pour me réchauffer.

Enfin, est-ce que le compte est bon ? Est-ce qu'ils se lassent ? On ne saura jamais.

Prenez un pain de mie, coupez-le en cinq, vous obtenez une tranche de pain de quelques centimètres d'épaisseur par personne. Ajoutez une petite plaque de margarine. C'est le repas du soir, de tous les jours, de tout le monde. Pour certaines, les très malades, les presque mortes, c'est le maximum qu'elles peuvent avaler. Pour d'autres, c'est le minimum vital.

Une fois par semaine, nous avons droit à un supplément : une petite tranche de saucisson – dans mon souvenir, cela ressemble à du boudin, il faudrait que je me renseigne – ou une cuillère à potage de marmelade faite à base de betteraves. Parfois même, un petit morceau de betterave est resté. C'est la ration, sauf pour celles qui ont un travail qui permet d'organiser. Car on ne dit pas « voler » au camp, on dit « organiser ».

Les plus débrouillardes s'organisent. Le soir, en rentrant, nous sommes fouillées au hasard, on nous sort du rang, on nous demande de nous déshabiller. Si quelque chose tombe, ils nous battent à mort, pour l'exemple, puis nous changent de commando. Évidemment, ils ne peuvent pas fouiller tout le camp. C'est à nos risques et périls. À mon poste, je ne peux rien organiser. Mais par le « bouche-à-oreille », j'entends parler d'un marché noir, après l'appel et juste avant le couvre-feu, ce moment où l'on peut faire un peu ce que l'on veut. Cela se passe entre deux baraques, celles qui ont quelque chose à troquer le tendent à bout de bras. « Qu'est-ce que tu me donnes ? » Il n'y a pas de tarif, si trois personnes veulent le même bien, la vendeuse, naturellement, le cède au plus offrant. J'ai une monnaie d'échange, je n'ai pas touché au « supplément ». Aucun mérite à cela. J'ai tout de suite perçu que si je goûtais le saucisson ou la marmelade, j'aurais ce plaisir dans la bouche, quelque chose qui m'intéresse, vous comprenez ?

Mon écuelle, je la décroche contre une tranche de saucisson. La fille, au début, veut aussi ma margarine. Impossible, car il me faut aussi une ficelle pour tenir l'écuelle, autrement elle sera « organisée » à son tour. Un instant d'inattention, une fille passe, l'organise. Le nombre de déportées que j'ai vu partir au travail, planquer leur pauvre bien, leur trois-fois-rien, et ne plus le trouver à leur retour. Les premières arrivées ont donc eu l'idée de faire un trou dans leur écuelle pour y passer une ficelle et l'attacher à leurs vêtements. Ce soir-là, j'ai de la chance, je trouve l'écuelle et la ficelle, auprès d'une autre fille – il est très rare que la même personne propose deux objets. On m'a donné la combine : je la noue à hauteur de la taille.

Moi je ne vole pas, je ne donne pas, il faut être héroïque pour partager.

Pour améliorer l'ordinaire des rations, il y a un autre plan : l'hôpital. On dit que les filles, là-bas, mangent mieux que nous. On dit que les médecins ont des pommes de terre. Mais l'hôpital fait peur : tous les jours, il y a des sélections. L'hôpital, c'est la mort. Toutes, nous préférons souffrir. On y va quand on est à bout, quand on ne tient plus sur nos jambes, quand on a trop mal. Et encore, ce n'est pas dit que la blokova accepte, que les médecins nous gardent. Ils sont responsables du nombre de malades, si un officier trouve qu'il y en a trop, s'il sent de la complaisance, la sanction est immédiate. Mais si le médecin est un compatriote, il se peut qu'il vous place dans le bloc de convalescence, où une nourriture « spéciale » est distribuée aux malades pour les retaper. C'est là qu'on peut proposer notre « supplément ». Alors j'y vais, je me poste derrière le bâtiment, à côté de la porte. Je leur tends ma marchandise, la margarine, je m'attends à recevoir des pommes de terre cuites à l'eau, j'en salive, mais ces salauds de nazis les font tellement bouillir qu'il n'y a plus de morceaux, plus de chair, que la peau. J'échange mon supplément contre une poignée d'épluchures. Peu importe, ce jour-là, je fais un gueuleton, j'ai l'estomac plein.

Au soir du premier jour, je décide de ne pas manger ma ration en entier. Je conserve un petit morceau de pain pour le lendemain. Je dors dessus, cale ma tête sur le chandail et le pain en dessous. Au réveil, il n'y est plus. Cela devrait me servir de leçon. Mais non.

C'est étrange, les lycéens que j'accompagne dans les camps d'Auschwitz et de Birkenau depuis le début des années 2000, et même les plus petits, les élèves de CM2, à qui je raconte mon histoire dans les écoles qui m'en font la demande, me posent tout un tas de questions pertinentes, mais jamais sur ça, la faim. Alors que le camp, c'est la faim. Je crois même que c'était ma seule obsession.

Ils ne demandent jamais : « Que mangiez-vous ? »

Que demandent-ils ? « Avez-vous vu Hitler ? »

Il y a la question des règles aussi, parfois, juste avant la fin du cours : « Comment faisiez-vous ? » Je leur explique qu'on ne faisait pas. Plus personne n'avait ses règles. Était-ce la nourriture ? La peur ? Les conditions d'hygiène ? Certaines avaient encore leurs règles en arrivant. Je me souviens d'une fille qui les a eues pour la première fois au camp. Elle venait de la prison de Mont-Luc à Lyon. Je le redis, nous ne portions pas d'uniformes rayés, mais des vêtements déjà utilisés. À l'époque, toutes les robes, toutes les jupes, avaient une doublure. Elle s'est servie de sa doublure pour se protéger. C'est d'ailleurs ce que d'autres ont fait, au début, pour aller aux toilettes. Elles ont utilisé leur doublure.

Je creuse un fossé. Il pleut des cordes. Le sol est liquide. J'ai de la boue partout. Nous travaillons avec Simone, qui a gardé un peu de cheveux, comme moi. Il pleut tellement que même la kapo en a marre de se faire mouiller. Il n'y a pas de soldats, pas de baraque à proximité, elle nous autorise à nous mettre à l'abri, sous un mirador vide, et part s'abriter elle aussi, un peu plus loin. Je me souviens qu'il y a de la laine de verre par terre, cela doit drôlement gratter. Nous nous allongeons, Simone et moi, trempées et blotties pour tenter de nous réchauffer. Nous restons un instant comme ça, dans la vapeur de l'autre, et nous nous endormons. Combien de temps ? La pluie a cessé. La kapo, qui a la réputation d'être la plus hargneuse de toutes, nous tire de là et, soudain, tombe en extase devant Simone : « T'es trop belle, trop belle pour rester habillée comme ça, je vais t'apporter une robe. Et t'es trop belle pour rester ici, je vais te trouver un camp où ce sera moins dur pour toi. »

Simone lui répond qu'elle ne peut pas partir : « Ma mère et ma sœur sont avec moi. » Je m'attends à ce que la kapo la rabroue, lui dise que ce n'est pas son problème, qu'elle s'en fout, mais non, elle acquiesce : « Eh bien, tu pourras emmener ta mère et ta sœur avec toi ! » Elle doit en avoir, du pouvoir.

Comme promis, la kapo est revenue avec une robe que Simone a prise et m'a donnée. Pourquoi moi ? Je me suis souvent posé la question. Pourquoi ne l'a-t-elle pas offerte à sa mère ou à sa sœur ? Peut-être lui ai-je fait pitié ? J'avais assisté à toute la scène et la kapo ne m'avait pas remarquée. Il faut dire que je n'étais pas belle à voir, avec ma jupe et mon tricot. J'étais seule, dans mon coin, je ne connaissais personne, j'avais envoyé mon père et mon frère se faire tuer. Et Simone me fait cadeau d'une robe. Sans elle, je me serais sans doute laissée…

Perdre le moral, c'est précipiter la mort.

Simone est partie juste après, avec sa mère et sa sœur. Quant à la robe, qu'est-elle devenue ? J'ai beau fouiller ma mémoire, je ne la vois plus.

Chaque ordre est un coup. On nous bat tout le temps, toute la journée, pour rien. Elles nous frappent avec leurs schlagues. On nous pousse, on tombe à terre, on se relève. C'est continuel, si bien que je n'ai même plus mal. Je ne sais pas si j'ai des bleus, je ne regarde pas. Je ne sais pas si je souffre, je ne pense pas. En revanche, je surveille mes plaies qui peuvent s'infecter, devenir des abcès. J'en ai plein, qui percent la peau. Inutile d'aller à l'hôpital. Leur premier réflexe est de vous renvoyer, le deuxième de vous tuer. Mieux vaut se débrouiller seul. J'apprends vite. On dit qu'il y a de l'ammoniaque dans les urines, que cela sèche les plaies superficielles ; je me rappelle cette fille, le premier jour aux toilettes, comme elle, je fais pipi dans mes mains et je panse mes blessures, les crevasses, surtout, du mieux que je peux.

Une fois, je suis battue plus fort. C'est ma chance.

Je suis à Birkenau depuis très, très longtemps. Au moins six mois. En 1942 ou 1943, les déportés qui ne sont pas immédiatement gazés meurent au bout de deux à trois mois. Mais en 1944, il y a un léger relâchement dans la discipline. Dans le camp, les contrôles sont incessants. On nous demande de nous déshabiller, j'ai l'habitude, la nudité ne me fait plus rien. Celles qui ont « organisé » quelque chose, tant pis pour elles : l'objet tombe à terre. Il disparaît, elles sont battues. Mais les contrôles servent aussi à vérifier que nous ne sommes pas malades, à surveiller l'état de nos corps. Les soldats craignent la contagion : les poux, la gale…

Tous les dimanches après-midi, il y a contrôle. Ça veut dire se mettre nue. Nos vêtements, aussi misérables soient-ils, nous couvrent encore un peu. Ce que l'on découvre, en nous dévêtant, est inhumain. Je n'ai que la peau sur les os mais ce n'est rien, rien, au regard de ces filles, de ces squelettes. Moi, je suis encore capable de tenir sur mes jambes. Mais elles ? Comment font-elles ? Les os du bassin, les hanches, c'est horrible à voir… Celles-là n'en ont plus pour longtemps. On les appelle les *Musulmanes*. Je ne sais pas pourquoi, ni d'où cela vient, un mot déformé au fil du temps ? Si elles ne meurent pas là, si elles ne tombent pas comme des sacs, elles feront partie de la prochaine sélection, elles seront désignées car jugées inaptes au travail, donc inutiles aux yeux des nazis. Les arrivages sont incessants, c'est comme ça qu'ils renouvellent la main-d'œuvre au camp.

Nous vivons dans la peur perpétuelle de ces sélections : est-ce que j'ai le teint malade ? Est-ce que j'ai des plaies ? Suis-je trop maigre ? Le moindre signe peut nous conduire aux chambres à gaz.

Un dimanche, j'ai des boutons plein le corps mais ça ne me gratte pas : je tente de l'expliquer aux soldats qui pensent que j'ai la gale. La gale, en août, c'est la mort. En septembre aussi. J'ai de la chance, nous sommes en novembre, on ne me tue pas. Je suis transportée au bloc des galeux pour y être badigeonnée d'un produit de la tête aux pieds. Personne ne parle français. Après deux ou trois jours d'observation, la décision est prise de me renvoyer au travail. Je suis juste sale, crasseuse, « une cochonne de juive » comme ils disent. Mais je ne veux pas. Pour la première fois, je désobéis, je me planque dans la baraque, au hasard. Je manque à l'appel du matin. Et quand vous manquez à l'appel, ils vous trouvent. Et quand ils vous trouvent…

Je me protège le visage.

Je regagne l'appel, je passe devant ces messieurs et me poste au dernier rang en essayant de rester droite. Nous sommes trop nombreuses pour la mission du jour, cela arrive, le dernier rang doit retourner aux baraques, pas pour dormir, mais pour attendre devant jusqu'au soir le retour des camarades. Nous sommes cinq à patienter ainsi, quand le grand appel est sonné : celles qui ne sont pas au travail doivent se rassembler à l'arrivée des trains. Je pense, comme tout le monde, que c'est une sélection. En principe, je n'ai pas le droit de bouger, mais j'aperçois des Françaises un peu plus loin, c'est plus fort que moi, je me faufile et les rejoins. Un train de Hongroises est arrivé dans la nuit : nous montons après qu'un commando a vidé leurs affaires, pour les envoyer dans une partie du camp qu'on appelle le *Canada*. Le train est le même que celui que j'ai pris il y a des mois.

Où allons-nous ?

Ma chance, dans cette histoire, la voilà : deux mois plus tard, en janvier 1945, les nazis quittaient Auschwitz pour échapper à l'avancée des Alliés. La Marche de la mort, d'Auschwitz à Loslau, soit 56 kilomètres dans un froid glacial, tuera des dizaines de milliers de déportés, épuisés, affamés, et le plus souvent tués d'une balle sur le bord de la route quand ils ne pouvaient plus avancer. Les quelques camarades qui ont supporté ce trajet par moins vingt, moins trente degrés, à travers la Pologne et l'Allemagne, me l'ont raconté : les copines retrouvées mortes de froid au petit matin, les blessés marchant nu-pieds sur les routes gelées, les couvertures dont on se sert pour faire des chaussures et qu'on abandonne quand elles sont trop lourdes, trop mouillées. Tant et tant de morts. Je ne sais pas…

J'ai 19 ans et demi. Je suis encore capable de tenir sur mes deux jambes. J'ai dormi pendant tout le trajet, un trou noir, je ne me souviens de rien. La gare est-elle loin du nouveau camp ? Nous traversons un petit village à pied. Puis nous arrivons sur un immense terrain, où sont installées deux gigantesques tentes. Nous sommes livrées à nous-mêmes, il n'y a pas de soldats. Au fond du champ, je distingue un mur de barbelés, et derrière ces barbelés, des femmes et des enfants. Ça fait si longtemps que je n'ai pas vu d'enfants… Je m'approche, je pense à Gilbert, à mon neveu, et je les envie, ces enfants, je ne les plains pas, ils sont vivants. Mon frère est parti en fumée.

Il y a quelques années, j'ai rencontré l'un de ces enfants de Bergen-Belsen, un monsieur déjà âgé. Ce qu'il m'a confié m'attriste encore : il haïssait sa mère, à l'époque. Pourquoi ? Les Allemands leur donnaient un pain pour quatre jours, afin qu'il ait une chance de survivre, sa mère était donc obligée de le rationner, de l'empêcher de tout manger d'un coup. Toutes les mamans faisaient ça, elles divisaient leur part en petites portions dans l'espoir de tenir le plus longtemps possible. Mais le gosse crevait de faim. Il avait 5 ou 6 ans, le pain était toujours planqué en hauteur, il suppliait sa mère : « Donne-moi du pain, il est là-haut. » Elle refusait. Il était trop petit pour pouvoir grimper. Alors, en secret, il la maudissait. Les dents serrées, il rêvait que les soldats venaient la tuer. Il faut vivre, après, avec ces souvenirs.

Aujourd'hui, je les regarde autrement, ces enfants.

La première nuit est un gigantesque hurlement. La tente est immense, nous sommes des milliers couchés là, sur la terre gelée, dans le noir. Des gens me marchent dessus, m'écrasent la tête, le ventre, les jambes. Je n'ai plus la force de réagir, de crier, nous sommes toutes blessées. Quand le matin se lève enfin, nous restons là. Rien ne se passe. Aucun mouvement. Un jour, deux jours… C'est une Allemande, Anne-Lise, qui nous sort d'ici, nous trouve une baraque. Nous avons le droit de nous regrouper entre francophones. Il y a ce groupe de copines, plus âgées que moi, des filles qui ont été à l'école ensemble et arrêtées ensemble, dont deux sœurs. Je pourrais les écouter parler des heures, discuter sur leurs lits superposés, tant elles me rappellent mes sœurs, ce qu'elles se racontaient, dans notre salon, en rentrant du sport ou du bal, les joues roses de bonheur. Nous nous promettons qu'un jour, si nous rentrons, si nous réchappons à tout cela, nous nous retrouverons. Sur les Grands Boulevards ou, mieux, aux Champs-Élysées ! Un rendez-vous est même fixé au café « Le Colisée », tous les premiers mercredis du mois.

Bergen-Belsen ou l'anarchie. On ne travaille pas, on ne nous nourrit pas, encore moins qu'à Birkenau. Les soldats ne sont pas assez nombreux pour nous surveiller. Les débrouillardes arrivent à se faufiler, à trouver de quoi manger. Celles qui attendent leur tour n'ont plus rien. Je ne fais pas partie des débrouillardes, j'attends mon tour et il n'y a plus de tour. Les autres ont piqué les dernières tranches de pain. Est-ce à Noël ou au Jour de l'An ? J'entends dire qu'une Française a dérobé un tonneau d'orge sucré pour le partager avec nous toutes. Je la vois triomphante, bravache, distribuer son butin. Elle n'est pas difficile à reconnaître : ses cheveux rouges en pagaille, sa petite taille, son audace. C'est Marceline. Elle est plus jeune que moi, plus intrépide, je ne la quitte pas des yeux. Elle n'a pas tellement changé depuis la première fois que je l'ai vue. Nous avons suivi le même itinéraire : Marseille, Drancy, Birkenau, Bergen-Belsen…

Encore aujourd'hui j'aime l'orge, vous savez.

L'hiver est là, dans les os. On ne nous bat pas, plus de kapo, mais mon corps est infecté de plaies. Je suis tombée malade avant de quitter Birkenau : nous avons beau ne rien manger, nous sommes toutes détraquées ! Pour ne pas indisposer mes voisines de coya, pour ne pas me vider sur elles, je suis sortie dans la nuit, ce qui est interdit. Je me suis accroupie où j'ai pu, dans la pénombre, lorsque j'ai entendu s'approcher une ronde. Prise de peur, paniquée, j'ai couru me jeter dans un fossé, un trou noir, dont je n'ai pas vu qu'il était tapissé de barbelés. Et je me suis tue.

Fin février, nous apprenons que les contremaîtres d'une usine d'aviation à Raguhn, près de Leipzig, ont besoin de main-d'œuvre. Ils sont là, dans le camp. Une fois de plus c'est Anne-Lise qui joue les intermédiaires. Ces messieurs nous posent des questions, semblent surpris par notre aspect. Je dis que je sais tout faire, on dit toutes ça. Et nous voilà dans le train. Sur place, c'est le paradis. Un camp tel que je l'imaginais naïvement au tout début, à Drancy : une usine et, juste à côté, de vraies baraques, partagées en chambrées. Ce ne sont ni des lits de camp, ni des coya, mais de véritables lits, une dizaine, alignés. Il y a même une table, avec une chaise. Ce luxe. Et un gros poêle, dans le couloir, pour chauffer la baraque. Enfin, tout au fond, une salle d'eau, c'est-à-dire un grand bassin avec de l'eau qui coule. J'ai lu des livres, des témoignages, qui parlent d'eau chaude, je n'en ai pas le souvenir. Il n'y a pas de savon en tout cas, mais de la poudre de chlore.

À Raguhn, ils commencent par nous donner des robes rayées, les fameuses robes rayées, avec des aiguilles et des ciseaux, même, pour les ajuster à notre taille. Je me sens élégante. Puis, c'est la distribution de pain. Nous avons le droit à un pain chacune, rendez-vous compte : un pain par personne ! Certaines se jettent dessus et le dévorent sous mes yeux. Je préfère en garder un peu.

L'avenir me donne raison.

Le pain, en réalité, doit tenir quatre jours, du vendredi matin jusqu'au lundi soir. Lundi matin, les filles qui ont tout mangé à leur arrivée, n'arrivent plus à se lever. Leur ventre est vide. À l'atelier, le maître-d'œuvre nous explique que nous n'avons pas le droit d'aller à la cantine avec les autres ouvriers à l'heure du déjeuner. « Pas de réfectoire pour les juives », précise-t-il, nous sommes habituées. « Vous mangerez le soir, dans vos baraques. » Après que les autres ouvriers ont déjeuné, pourtant, nous sommes autorisées à nous reposer quelques instants dans le réfectoire. C'est alors que certaines en profitent pour fouiller les poubelles. Elles y dénichent des épluchures, des os, qu'elles rongent sous les yeux des ouvriers. Ils nous voient nous battre pour leurs ordures. Que font-ils ? Le lendemain, ils dissimulent d'infimes morceaux de pain sous les machines où nous travaillons. Ils n'ont pas le droit, mais ils le prennent quand même.

Pendant trois mois, de février à avril 1945, j'aide un vieil Allemand, en équipe avec une Hongroise, à badigeonner des grosses plaques de métal et à les porter sur l'établi. Les bouts de pain planqués par les ouvriers m'aident à ne pas mourir.

Un matin, nous sommes tous réunis, équipes de jour et de nuit. Nous devons partir. Deux personnes manquent à l'appel. On les cherche partout. La tension monte. Les Alliés ne sont plus loin. Les soldats s'énervent. L'heure tourne. On déniche finalement les deux absentes : Marceline et une copine de son âge ! Elles avaient trouvé un cercueil, au fond d'une salle, et s'y étaient cachées, pensant sans doute qu'on n'irait pas les chercher là. Qu'est-ce qu'elles ont dû prendre, à voir la fureur des soldats. Nous voilà enfin prêtes à partir. Je me souviens juste que nous avons davantage de place dans le wagon.

Le train s'arrête sans cesse. Il n'est pas prioritaire. Au loin, j'entends des portes s'ouvrir, les soldats descendent. Nous restons enfermées dans le noir. Sans boire ni manger. Oubliées. Combien de temps ? Un jour ? Deux jours ? Trois ? Puis, le train repart et stoppe à nouveau. Il faut laisser passer les cargaisons d'armes et de soldats. Et ça dure : un jour, deux jours, trois... Nous sommes affamées, assoiffées. Dans le wagon, il n'y a pas d'endroit où se laver, faire ses besoins, rien. La vermine nous ronge. Mes cheveux ont repoussé, mes poils aussi. Mes yeux se sont habitués à l'obscurité. Je peux voir les poux sauter d'un crâne à l'autre. Et lorsque je passe ma main dans mes cheveux, des dizaines de poux tombent sur ma robe, ma jolie robe rayée, et ça me gratte, ça me démange. Je finis par l'enlever, la retourner, les coutures grouillent, des poux de corps, cette fois-ci. Vous connaissez la différence ? Ils sont blancs, les autres sont noirs ou gris.

Tous les jours, il y a des mortes. Certaines filles, plus sentimentales que moi, prennent la peine de les traîner dans un coin, pour les entasser. Moi, j'en ai une, de morte. Ma morte. Elle tombe sur mon épaule, je la redresse, elle retombe, je la relève à nouveau, ah ça, pour m'énerver elle m'énerve ! Mais je la garde, ma morte, je la conserve précieusement, je me dis qu'un jour ils vont bien finir par nous ouvrir, nous donner à manger, quelque chose, n'importe quoi. Et alors, je leur dirai : « Mais non, elle dort ma copine, donnez-moi sa part ! » Voilà où j'en suis. Voilà ce que je suis devenue.

Au septième jour, le train s'arrête à nouveau. C'est une alerte. J'entends les soldats sauter à terre, crier, passer devant notre wagon et le bruit de la porte, notre porte, que l'on déverrouille. Le soldat qui a entrouvert file en courant se mettre à l'abri. Je ne pourrais même pas dire s'il fait jour ou nuit, jour sans doute. Au sol, il y a de l'herbe. Il suffirait presque de tendre la main…

Je me traîne à terre, comment ?

J'arrache un brin d'herbe, je le porte à ma bouche.

Je mâche de l'herbe, la langue épaisse, jusqu'à sentir mon estomac plein, j'ai soif.

Une fille entend un bruit d'eau, une locomotive que l'on vidange un peu plus loin. Nous encerclons la machine, à quatre pattes, pour boire quelques gouttes au sol. L'alerte est finie.

Nous remontons. On retrouve nos mortes, on retrouve nos poux, on retrouve la nuit.

Je me souviens juste de l'arrivée. Des groupes de gens devant des bâtiments.

Personne ne nous injurie. Personne ne nous frappe.

On nous parle gentiment, on nous regarde.

Certains ont les yeux brillants de larmes.

Depuis combien de temps est-ce qu'on ne nous a pas regardées ?

Nous sommes à Theresienstadt, en Tchécoslovaquie, le camp vient d'être libéré par les Russes.

Dernière image : deux femmes m'aident à marcher. Les bâtiments sont en dur. On me fait monter un escalier, un étage, deux étages.

Une porte s'ouvre : des lits. J'en ai déjà vu, à l'usine. Ceux-là ont des draps. Pendant cinquante ans, j'ai cru qu'à Theresienstadt, les lits avaient des draps. Par la suite, j'ai appris qu'il s'agissait d'un camp « modèle », un décor, où les nazis recevaient la Croix-Rouge pour prouver que les déportés étaient correctement traités.

Un médecin touche mes bras, mes jambes, ça me fait très mal, j'entends le mot typhus.

Puis c'est fini.

Je sombre dans le néant.

Trois semaines plus tard, mai 1945. J'ai été soignée, comment, par qui ? Je ne le saurai jamais. J'apprends dans un semi-coma qu'un camion part de Theresienstadt dans l'après-midi pour rapatrier les ultimes déportés vers la France, c'est ma dernière chance, je me hisse dans un camion, avec une autre Française. En route, nous nous arrêtons pour dormir dans un château. Il fait nuit noire, il y a des lits de camp. Une dame force un placard pour nous trouver des draps, elle déchire un bout de tissu et me le tend pour m'en faire un fichu. Pendant mon séjour à l'hôpital, on m'a de nouveau rasé la tête, à cause des poux, je me rappelle juste avoir eu la force de vouloir refuser un peu… Au petit matin, nous reprenons le camion qui nous emmène à l'aéroport de Pilsen, à côté de Prague. Je n'ai jamais pris l'avion. C'est un vol sanitaire, sans sièges, je fais mon baptême de l'air, inconsciente, en civière.

Me voilà à Lyon, dans un centre d'accueil, sans savoir une fois de plus comment je suis arrivée là. On me pose des questions, toujours les mêmes, et je dois y répondre, c'est sans fin. Les gens qui nous interrogent ont peur que des nazis ou des collaborateurs se soient glissés parmi nous, ils guettent le moindre changement dans nos récits… Donc il faut répondre aux questions et prévenir nos familles.

Nos familles, quelle famille ?

Je suis née le 4 février 1925, petite dernière d'une famille de six sœurs. Mon père, qui avait déjà perdu un fils, voulait un garçon à tout prix. Gilbert est né sept ans après moi. Mais aucun garçon de la famille Cherkasky n'est mort de sa belle mort. Une fatalité. Mon père vendait des imperméables, il avait un petit atelier. Ma mère, née en Roumanie, était femme au foyer. C'était une femme intelligente, hélas illettrée. Elle ne savait ni lire ni écrire. Imaginez : à l'époque le cinéma était encore sous-titré ! J'en ai beaucoup voulu à ses parents adoptifs de ne lui avoir jamais appris... Elle les adorait, nous avions beau, mes sœurs et moi, lui répéter qu'ils s'étaient servis d'elle comme d'une bonne, rien n'y faisait. Nous vivions à Paris, dans cet appartement de la rue Jean-Pierre Timbaud que je n'ai jamais quitté depuis mes 12 ans. Certains de mes meubles sont encore ceux des « collabos » qui l'ont habité pendant la guerre, pendant que nous n'étions « pas là ».

Ma mère nous emmenait aux Bains-Douches le samedi soir. Le mercredi soir ou le jeudi matin, tout le monde se lavait à fond dans la bassine. Nous ne vivions pas dans le luxe mais nous ne manquions de rien. Nous n'étions pas pratiquants, ma mère n'ayant de toutes les manières pas les moyens d'acheter des places assises à la synagogue. Et quand mes parents croisaient des amis dans la rue, si par hasard ils en venaient à parler yiddish, nous leur mettions de grands coups dans les côtes : « Parlez français, parlez français ! » Nous ne voulions surtout pas nous distinguer comme le font les gens maintenant, nous voulions nous assimiler.

J'avais 14 ans lorsque la guerre a éclaté. Mon père, au début, nous a envoyés en province, par mesure de sécurité. De retour à Paris, en plein milieu d'année scolaire, j'ai arrêté l'école pour prendre des cours de sténodactylo, rue Havre-Caumartin, sur une Remington. Jusqu'en 1942, nous vivions presque normalement. Mes sœurs travaillaient au marché des Quatre-Chemins, à Aubervilliers. Nous faisions du sport. L'amoureux de ma sœur aînée nous avait même présenté un copain qui pouvait nous faire entrer au Racing Club. Imaginez ! On a juré sur nos grands dieux qu'on n'était pas juives et on a appris le handball, le nouveau jeu à la mode. Nous faisions des démonstrations dans les collèges et les lycées. J'ai honte de le dire à présent, mais j'étais heureuse, insouciante, c'était ma vie d'adolescente.

La vie que j'aurais vécue s'il n'y avait pas eu la guerre.

À partir de 1942, tout bascule, mes sœurs ne peuvent plus travailler. Mon père doit céder son atelier. Les enfants peuvent encore aller à l'école, mais ils n'ont plus le droit d'aller au jardin. Les lois antijuives multiplient les interdits. Nous restons là quand même. Nous allons nous faire recenser. Mon père est français, il est né à Paris, il a fait la guerre de 1914, nous n'avons rien à craindre selon lui. À condition de respecter la loi. Alors, on rend les postes de TSF, on rend les vélos, ma mère se débrouille avec les cartes d'alimentation, on fait tout ce qu'il faut. On sort avec nos étoiles jaunes. Nous n'avons plus le droit d'aller à la piscine, plus le droit d'aller au cinéma, mais les jours où les copains m'invitent, je ne dis rien, je planque mon étoile et j'y vais !

Un soir, quelqu'un sonne à la porte, il se présente, il travaille à la préfecture. Il a vu passer un dossier, une dénonciation. Une de mes sœurs, très engagée, cache souvent des gens qui viennent passer la nuit à la maison et repartent au petit matin. Nous sommes repérés. Il nous prévient : Vous êtes juifs, vous êtes communistes, vous devriez quitter Paris. Mon père hoche la tête. Au Carreau du Temple, il y a ce café que tout le monde connaît, c'est là que l'on trouve le moyen de contacter des passeurs et de quoi réaliser des faux papiers avec de nouvelles identités que nous devons apprendre par cœur. Mon père refuse que l'on parte tous ensemble, trop dangereux si par malheur nous nous faisons prendre. Nous fuyons par petits groupes. Avec mes sœurs, Sophie et Lucienne, nous passons par Angoulême. Le café de la gare est bloqué, contrôle d'identité, nous sommes embarquées vers la prison pour vérifier nos papiers. Bêtement, j'ai gardé ma carte du Racing avec mon vrai nom. Une grosse carte en carton. J'en suis si fière que je n'ai pas pu m'empêcher de l'emporter… Mes sœurs me soufflent : « Tu n'as qu'à aller faire pipi et tu la jettes aux waters. » Je demande à la sentinelle d'aller aux toilettes mais il faut être accompagné et laisser la porte ouverte, je ne peux rien faire. Je remonte et murmure, pleine de honte : « Ça n'a pas marché, elle est toujours là ! » Nous faisons la queue pour être interrogées, c'est bientôt notre tour. J'ai le cœur qui bat. Dans mon souvenir, il y a cette dame à côté de nous, avec une bouteille de gnôle à la main, alors toutes les quatre, on se regarde et, ni une ni deux, on déchire la carte et on la mange, en la faisant passer avec de la gnôle.

Ma famille… La dernière fois que je les ai tous vus, il faisait beau, très beau, comme un premier jour d'été. C'était le 13 mars 1944.

Nous sommes finalement passés en zone libre, à Avignon. Pour tout le monde, nous sommes d'origine russe et de religion orthodoxe. En revanche, nous avons repris nos vrais noms. Certaines de mes sœurs ont des enfants et, comme le dit mon père : « On ne peut pas demander à un gosse de 5 ans de dire qu'il s'appelle autrement. » Nous racontons que ma mère ne supporte plus le climat parisien, qu'elle a besoin de soleil… Tu parles ! C'est cousu de fil blanc : une famille tout entière qui débarque en pleine guerre… Avec le recul, je pense que personne ne nous a crus. Il y en a un, en tout cas, qui a compris : celui qui nous a dénoncés. Mes sœurs ont repris les marchés, tous les matins elles partent en car pour Orange, Cavaillon, Carpentras, Arles. Elles partent avec leurs bagages pleins de marchandises : de la bonneterie, des bouchons de métal, tout ce qui peut se vendre. Je suis trop jeune pour traverser la région, mais j'ai un stand sur les remparts d'Avignon. Du matin au soir, de 1943 à 1944, je fais les marchés sur les remparts.

Le 13 mars 1944, il fait très beau. Si beau que je n'ai pas envie de rentrer déjeuner. À midi, on tire au sort pour savoir qui va manger la première. Je veux peut-être perdre quelques grammes alors je reste à l'étalage, au soleil. Au retour, ma sœur me dit : « Tu as tort, il y a un rôti de veau. » Tant pis pour mes kilos, je rentre ! Entre les remparts et notre appartement, il faut compter sept ou huit minutes à pied. Arrivée à la maison, je vois des hommes, de dos, dans le salon. Devant eux : mon père, mon petit frère, qui a 12 ans, et mon neveu de 14 ans. Même de dos je reconnais les manteaux de cuir, la Gestapo. Ils emmènent mon père, mon frère et mon neveu, encore en blouses d'école, dans la cuisine pour les faire déshabiller. Ils sont circoncis tous les trois. J'essaie de protester, nous sommes tous embarqués.

Ma mère est au premier étage, souffrante, alitée. L'ont-ils vue ? Peut-être ne veulent-ils pas s'embêter à « traîner » une malade ? Vont-ils revenir ? La traction nous attend, garée devant la maison. Il y a des hommes dehors, dont un que je reconnais, un policier qui vient souvent déambuler du côté du marché, il passe, repasse devant notre stand. Je pensais qu'il avait le béguin pour l'une d'entre nous… Dans ma tête, je le vois grand, mince, blond… Je peux me tromper, confondre. Immédiatement, je me dis qu'ils vont arrêter mes sœurs, et revenir pour ma mère. Nous passons la nuit du 13 mars à la prison d'Avignon, dans une vieille cellule où nous dormons tous les quatre. Le lendemain matin, nous sommes réveillés par un garde : « Préparez-vous ! » Nous n'avons rien, absolument rien, ils nous ont pris tels quels.

Nous sommes dans ce car, plein à craquer, que des juifs. Je vois pour la première fois Marceline, avec son père et ses deux copines. Assis à côté de moi, il y a ce garçon, un Résistant, qui me montre ses mains : le pauvre a les paumes brûlées, les ongles arrachés.

Heureusement que je suis seulement juive ! S'ils m'avaient torturée, je ne l'aurais pas supporté. Voilà ce que je pense en observant le paysage derrière la vitre.

À la prison des Baumettes, à Marseille, je suis séparée de mon père, mon frère et mon neveu. C'est une prison à ciel ouvert, comme je n'en ai vu qu'au cinéma. Nous sommes quatre filles dans une petite cellule : Marceline, ses deux copines et moi. Je porte une chaîne et une chevalière, Marceline a quelques bijoux, ses amies aussi. On cherche une planque avant l'interrogatoire. Je les cache sous ma paillasse, et Marceline dans la chasse d'eau de la salle commune. Adieu bijoux !

Nous restons là dix ou quinze jours. Les hommes ont le droit de se promener dans la cour, on peut les apercevoir en grimpant sur le banc de notre cellule.

Je retrouve les miens à la gare. Ils sont menottés : mon petit frère à mon père et mon neveu au père de Marceline. Le wagon est surveillé par les gendarmes et l'armée allemande. Nous ne sommes pas attachées et n'avons pas le droit d'approcher les garçons. Le voyage est long. À la gare de Lyon, un bus nous attend, direction Drancy, où nous arrivons le 31 mars.

À Drancy, je me plais bien, pour ainsi dire. Je n'en garde pas un mauvais souvenir. Tous les matins, je suis de corvée de pluches, on est une bande de jeunes, on chante : les scouts, les éclaireurs, tout le monde reprend en chœur. On connaît tous le répertoire. Je crois toujours que nous allons dans un camp de travail. Comme une imbécile, j'y crois jusqu'au bout. Je ne suis pas la seule. Et il n'y a pas que des moutons parmi nous ! Il y a des intellectuels, des artistes, des gens engagés. Mais personne, personne, ne peut imaginer la vérité. Je dors dans la chambrée de Marceline, nous ne faisons pas partie du même groupe : elle a 15 ans, j'en ai 19… Mon neveu se fait des copains. Mon père aussi, il a même retrouvé un cousin de ma mère, marié à une catholique. J'apprends qu'il y a des catégories « non déportables » : les couples mixtes, ou, en principe, les femmes et les enfants de prisonniers de guerre. Ceux-là seront quand même envoyés à Bergen-Belsen, un camp de concentration, pas d'extermination.

Drancy ressemble à un petit village. Certains soirs, avant le couvre-feu, il y a des veillées. Dans les arrivages se cachent parfois des artistes, comme ce prestidigitateur qui nous fait des tours de magie en nous expliquant tous ses trucs. La veille de notre départ, les hommes doivent passer chez le coiffeur. Car à Drancy, il y a même un coiffeur. On ne sait pas où on va. On parle de *Pitchipoï*. Ça veut dire : rien, perpète. Ils nous disent de prendre quelques vêtements, mais je n'en ai pas. À la prison de Marseille, la cheffe de chambrée nous avait suggéré d'écrire à nos familles pour leur demander des affaires. Dans ma lettre, je me souviens très bien de ce que je demandais : de l'ambre solaire, des bigoudis, des maillots de bain... Je pensais que ce serait bientôt l'été ! Et puis, j'ai réalisé que je n'allais pas leur donner mon adresse, quand même ? J'ai posé mon stylo. J'avais 19 ans, je n'étais pas bien futée.

Le 12 avril 1944 au soir, le départ est annoncé : rendez-vous à 6 heures du matin dans la cour, avec nos bagages. Nous avons le droit d'emporter une couverture. Mon père, déjà si maigre, prévoit d'en glisser une deuxième dans son pantalon.

À Lyon, le 30 juin 1945. Je n'ai plus de famille, plus de forces. Je ne sais pas quoi faire, ni où aller. On me propose de m'emmener à l'hôpital. D'accord. Je suis assise dans le centre d'accueil, sur un petit parapet, je regarde ces gens qui apportent de la nourriture, des fruits, des vêtements, parfois de l'argent. Une dame s'approche de moi, elle va sans doute me montrer une photo, me demander si j'ai connu telle ou telle personne, me supplier : vous ne l'avez jamais croisée ? Son visage ne vous dit rien ? Mais non, elle me fixe, droit dans les yeux, et m'interroge :

« T'es pas une fille Cherkasky, toi ?

— Si !

— Ta mère et tes sœurs sont à Paris, elles sont vivantes, elles habitent l'appartement que vous aviez laissé. »

Je ne sais pas qui est cette femme, elle ne s'est jamais fait connaître. Combien de fois mes sœurs m'ont demandé de la décrire, j'en suis incapable. Mais l'hôpital m'attend encore…

Je prends le train pour Paris avec d'autres déportés. Gare de Lyon, je veux rentrer chez moi mais je n'ai pas le droit. Nous devons d'abord nous rendre à l'hôtel Lutetia, des autobus nous attendent. Là, c'est de nouveau l'interrogatoire, questions sur questions. Je ne peux pas, je ne tiens plus debout, je suis encore malade. À Lyon, j'avais envoyé un télégramme à mes sœurs pour leur annoncer que j'étais vivante, leur demander de venir me chercher. Elles ne sont toujours pas là, alors je m'en vais, je saute dans le premier bus, direction chez moi.

La grosse porte cochère de l'immeuble n'est pas fermée. Dans la cour, la concierge s'exclame : « Oh, Gilbert ! » Ça résonne encore dans ma tête, ce prénom. « Ta mère t'attend ! » Elle me prend pour mon petit frère, il aurait 13 ans et demi. J'ai les cheveux rasés à cause des poux. La peau sur les os à cause du typhus. Je porte une veste de soldat allemand, volée à l'hôpital de Lyon. Je traverse la cour, grimpe l'escalier en colimaçon : les marches étroites, la rampe en bois, rien n'a changé. Premier étage, je sonne à la porte. C'est ma mère qui ouvre : elle me regarde. Est-ce qu'elle pleure ? Je ne sais pas. Moi, je ne pleure plus. Avant la guerre, oui, ça m'arrivait, en lisant la comtesse de Ségur ou au cinéma…

Maintenant, je ne pleure plus, je suis un peu dure.

Cette scène est un mauvais souvenir. Ma mère m'installe sur le canapé au fond du séjour. Je dois faire pitié, un vrai sac d'os. Du coup, elle s'affaire : « Demain, on va me donner des nouvelles de Papa et Gilbert. » Mais moi, j'ai cette colère qui monte, qui gronde, je suis à bout de forces et je lui réponds comme on crache : « On ne peut pas te donner des nouvelles de Papa et Gilbert, ils ont été gazés dès leur arrivée et leurs corps ont été brûlés. » Pauvre femme, encore aujourd'hui j'en éprouve tant de remords. Jamais elle ne s'est plainte. Son fils unique. Jamais elle n'a refait sa vie. Elle est morte avec eux.

Mes sœurs arrivent, une à une. Elles me cherchaient au Lutetia, nous nous sommes croisées. Elles me trouvent allongée sur le canapé, sous un édredon, c'est presque drôle le souvenir que j'en ai : toutes, assises à mes pieds. Est-ce qu'elles me posent des questions ? Non. Que voulez-vous demander à quelqu'un qui a vécu ça ? Elles ne font aucun commentaire, je ne sais même pas si elles m'embrassent et je les comprends. Elles me lancent juste : « Tu vas voir, il y a plein de nouvelles chansons qui sont sorties depuis que t'es partie. » Et elles m'apprennent quoi ?

Le petit vin blanc. Les voilà qui entonnent les premières notes, a cappella, toutes ensemble. On chante très faux dans la famille.

Le petit vin blanc m'a longtemps suivie. Un jour, un monsieur passe la porte de l'association des Déportés où je me rends régulièrement depuis quelques années. Il est fils de déportés et cherche des renseignements sur les camps. Son père ne lui en a jamais parlé, donc il veut savoir : comment c'était ? Il m'apprend que son père a écrit *Le petit vin blanc.* En échange, je lui raconte mon histoire.

La nuit, à la maison, lorsque tout le monde dort, je me lève pour aller à la cuisine, je cherche la poubelle du regard, un petit sac que ma mère accroche en hauteur, souvent à la poignée du buffet, pour tenir les souris éloignées.

Je le décroche, le pose à terre, puis je m'assois et je trie.

Tout ce qui est encore comestible, je le mange, j'avale jusqu'à la dernière pelure.

En secret.

Première visite chez le médecin, je me déshabille. Je découvre mon corps dans la glace. Immédiatement je pense aux *Musulmanes*, ces déportées trop maigres pour travailler dont on savait qu'elles feraient partie des prochaines sélections. Je leur ressemble : ce bassin démesuré, les mollets plus gros que les cuisses, les bras si maigres que la peau plisse et pend. Sur la balance, l'aiguille tremble, se stabilise : 26 kilos. J'ai 20 ans.

Je serai malade pendant trois ans, et la nourriture sera ma seule obsession.

J'ai de la chance, mes sœurs ne me traitent pas comme une déportée. Elles font les marchés en province, du troc avec les fermiers, on ne manque de rien. Elles ont toujours un tas de copains, de copines qui passent, c'est joyeux et vivant. Je ne parle jamais de ce qu'il s'est passé là-bas. Comment donner des détails sur ce que vous avez vécu lorsque les vôtres ne sont pas revenus ? Elles savent qu'ils sont morts tous les trois. Mon père et mon petit frère gazés dès leur arrivée. Quant à mon neveu, c'est ce que je croyais.

Mais un jour, à Birkenau, alors que je suis en train de creuser un fossé...

Une cousine, déportée un an avant moi, passe devant et me dit : « J'ai rencontré Jojo, il va bien. »

Mon neveu est donc entré dans le camp, mais il n'est jamais rentré à la maison.

Le pauvre garçon, que lui est-il arrivé ? A-t-il fait la Marche de la mort ? A-t-il été tué ?

À cette époque, je n'éprouve pas le besoin de parler, ni à ma famille, ni aux amis. Et quand on me demande comment ça s'est passé là-bas, je réponds : « Si un jour j'ai un enfant et que ça recommence, je l'étrangle de mes propres mains. » Et je le pense. Mais sur toutes les photos en noir et blanc, j'ai le sourire. Un foulard enturbanné, c'était la mode, cache mes cheveux qui repoussent dans le soleil d'été.

Une ou deux semaines après mon retour, mes sœurs organisent une petite soirée, elles reçoivent toute une équipe de jeunes. Il y a une grande table dans le salon, ça parle fort, ça chahute, ça rit. Bref, ça fait du bruit. On sonne à la porte, je vais ouvrir. C'est Simone et sa sœur Milou. Elles se souvenaient de mon nom. Comment m'ont-elles retrouvée ? L'annuaire ? Nous avons le téléphone, ce qui est rare pour l'époque. Les collabos qui occupaient l'appartement l'ont fait installer. Peu importe, elles sont là, sur le palier, et je suis contente de les voir. Je leur crie : « Rentrez ! » Mais le boucan, les rires... elles n'osent pas, reculent dans l'ombre. Moi, je n'ai pas de savoir-vivre et je les laisse partir.

Je reverrai Simone plus tard, par l'intermédiaire de Marceline, qui était beaucoup plus proche d'elle. Je me souviens d'un déjeuner, en particulier, dans son grand appartement, à Odéon, où il y a tous ces beaux objets. Simone est magistrate et une chose me frappe : elle a embauché, pour garder ses trois garçons, une jeune fille sortie de prison.

Et puis, beaucoup plus tard, elle m'a fait cette surprise : débarquer au marché, où j'ai un stand de bonneterie. Elle a donné congé à son chauffeur et emprunté une petite voiture, avec Marceline, pour se faire plus discrète. Imaginez la scène : je la vois qui pile devant moi (Madame la Ministre !). Et je ne suis pas la seule, tous les commerçants quittent leur étalage pour observer Simone qui boit un café. Ah, ça jase entre forains !

Quand est-ce que je lui ai parlé de la robe ?

Elle ne s'en souvenait pas.

C'était un geste qu'elle avait fait automatiquement, qui ne l'avait pas marquée.

Le premier mercredi du mois, je me mets sur mon trente et un pour aller au Colisée, sur les Champs-Élysées. Nous sommes toutes là, pomponnées : Jacqueline, que j'ai rencontrée à Drancy, Marceline et ses copines, les filles de Bergen-Belsen. Avons-nous changé ? Je ne sais pas, je ne nous regarde pas. Mais je me souviens d'une anecdote. À l'une des filles, que je n'ai pas revue depuis les camps, je lance en riant : « Mais qu'est-ce que tu as grossi ! » Dieu sait pourquoi, elle me tend sa ceinture pour que je l'essaie. Je me revois la passer autour de ma taille : impossible de la fermer.

Au Colisée, nous parlons de tout, sauf de déportation. Maintenant, c'est le contraire, même quand on ne veut pas, on ne parle que de ça.

Le temps a passé, les souvenirs reviennent. Pas forcément les mêmes.

C'est Marceline qui m'a appris que le bloc 27, où nous dormions, était à côté des chambres à gaz. Dans ma tête, je vois les trains arriver, les gamins qui sautent, mais je ne sais pas qu'ils vont mourir là, à côté de moi.

Je grossis à vue d'œil. Au début, mes sœurs veulent absolument que je sorte avec elles, elles me traînent au bal. Je suis ronde, mes règles ne sont pas revenues, j'ai des cicatrices, plein de furoncles. Je reste assise, dans mon coin. Je fais banquette, je ne sais pas quoi faire de mes yeux, de mes mains... Peut-être parce que je ne fume pas ? Les filles allument une cigarette en attendant qu'on leur propose de danser, je trouve ça séduisant et provocant. Je les admire. Mes sœurs, elles, sont belles, elles sont jeunes, on les invite à danser car on ne danse pas seul. Elles m'apprennent à soutenir le regard des garçons, mais, dès qu'on m'approche, je baisse les yeux.

À plusieurs reprises, la deuxième année, je tombe en dépression. Le médecin me conseille de travailler, mais pas dans un bureau : « Va au contact des gens, ce sera mieux pour toi. » Mes sœurs ont récupéré leur place au marché des Quatre-Chemins à Aubervilliers, alors je « fais le trottoir » là-bas ! Je vends tout ce qui est bonneterie : soutien-gorge, gaines, bas et chaussettes... Je mets la marchandise dans une poussette que je range, le soir venu, dans une remise.

Une vie sans grande joie, sans grands pleurs.

Normale, monotone.

Mais agréable, qui me convient.

Les années passent. Un jour de 1952, au marché, un forain me lance : « Tiens, je connais un jeune homme pour toi !

— Garde-le pour toi, je lui réponds, je suis bien capable de trouver seule ! »

Et le voilà qui me chante ses louanges.

Trois mois après, nous sommes mariés. Un vrai coup de foudre, qui a duré quarante ans.

Albert ne connaissait pas mon histoire et je ne connaissais pas la sienne. Je savais juste qu'il avait été prisonnier pendant cinq ans, pauvre homme, cinq ans de sa jeunesse…

Lorsque je tombe enceinte, mon mari s'inquiète de me voir porter les paquets, il vient travailler avec moi, ce que je refusais avec la dernière des énergies. On est heureux.

J'ai eu cette chance de revenir et de reprendre vite une vie normale, et d'être très heureuse. Il ne faut pas être trop intelligent dans la vie. Si vous êtes trop intelligent, si vous réfléchissez trop… Moi, je ne réfléchis pas, les choses arrivent, ce n'est pas moi qui décide.

Souvent, les élèves me demandent si j'en veux à ceux qui nous ont dénoncés. Naturellement. Ma sœur pense que c'est un soldat qui vivait dans la maison d'en face, ma cousine penche pour l'infirmière de ma mère. Je ne sais pas… Ce jour-là, le 13 mars 1944, un collègue a averti mes sœurs sur les remparts d'Avignon, il leur a dit que nous avions été arrêtés, Papa, Gilbert, mon neveu et moi, et de ne surtout pas rentrer à la maison. Ma mère et ma cousine, elles, se sont cachées toute la nuit dans une chambre.

J'aurais aimé savoir ce qui s'était réellement passé. J'ai bien tenté d'interroger des proches... Aujourd'hui, je me demande seulement comment ceux qui nous ont dénoncés, et qui ont forcément appris ce qui nous était arrivé, ont pu vivre avec ça. Mais j'ai toujours su, du jour où j'ai été libérée, du moment où j'ai eu les moyens physiques de réfléchir, que jamais je n'évoquerais cette histoire.

Pas par honte, plutôt pour ne pas embêter les gens.

Lorsque je suis rentrée à la maison, ça défilait : tout le monde voulait me voir mais personne ne me demandait comment j'allais, ce que j'avais traversé, ils venaient voir la déportée. Chacun avec un médecin extraordinaire à conseiller. Et la boulangère avec une brioche.

Je me souvenais de ma mère qui nous racontait sans cesse, quand on était petits, la guerre de 14, la grosse Bertha sur Paris. Le bruit terrifiant, les vitres brisées... Qu'est-ce qu'elle a pu nous casser les pieds.

Moi je n'ai jamais rien dit, pas même à mon mari.

Je n'ai jamais dit à mon fils ou à l'un de mes petits-enfants : « Mange ! Si tu avais été où j'ai été… ! »

C'est grâce à Steven Spielberg que j'ai commencé à parler. Le réalisateur a créé une fondation et envoyé des jeunes à travers le monde entier pour recueillir le témoignage de déportés après son film *La Liste de Schindler*. La liste a été donnée par Klarsfeld, je crois. Un jour, je reçois un appel à la maison. Je dis que je n'ai rien à dire. À l'autre bout du fil, ils insistent tant et si bien que je finis par capituler : « Eh bien, passez si vous avez du temps à perdre ! »

Pour la première fois, me voilà obligée d'y repenser.

Et avec moi, c'est tout ou rien.

Au même moment, au début des années 2000, je pousse la porte de l'Union des déportés d'Auschwitz, avenue Parmentier, près de chez moi. Je suis veuve, je ne travaille plus, les réunions ont lieu tous les jeudis. C'est agréable, on retrouve des gens, on n'est pas obligés de parler. L'UDA organise des voyages scolaires à Auschwitz et Birkenau, avec d'anciens déportés. Un jour, l'un d'entre eux tombe malade : est-ce que je le remplacerais ? D'instinct, je décline. Je suis complexée, assez timide, je n'ai pas fait d'études... Que puis-je bien leur raconter, à ces élèves ? Comme j'ai coutume de le dire, j'ai deux bacs, mais dans la cuisine. Je ne vais pas dans les musées, peu au cinéma, encore moins au théâtre... Je n'ai pas de conversation spéciale. C'est non.

4 heures 30 du matin : rendez-vous à l'aéroport de Roissy. Destination Cracovie. Je ne suis pas anxieuse, ce n'est pas dans mon tempérament. Je suis là, bien, heureuse. Dehors, il fait nuit noire. On me présente aux professeurs, aux élèves. Mon visage sort de l'ordinaire, c'est celui d'une déportée. On me donne une importance que je n'ai jamais eue et ça me plaît. Dans le car, qui nous mène de l'aéroport de Cracovie au camp de Birkenau,

un trajet d'une heure environ, j'écoute d'une oreille les guides polonaises évoquer leur pays, son histoire, sa géographie, pour les lycéens – comme si on en avait quelque chose à faire… Et puis, soudain, j'entends : « Allez, à toi Ginette ! » Je ferme les yeux. Je ne sais pas ce que je raconte, combien de temps cela dure, mais nous sommes arrivés et l'autre déporté, un charmant monsieur, n'a pas pu livrer son récit.

Je ne suis pas retournée à Birkenau depuis cinquante-cinq ans. Pour autant, le souvenir que j'en conserve est très précis. Quand j'arrive, c'est un choc : « Ah mais non ! » je m'écrie, « Ce n'est pas ça ! » Moi, j'imagine l'odeur, j'imagine la saleté, j'imagine les gens qui grouillent. Tout en sachant que ce n'est pas possible. Mais pour moi, c'est ça. C'est ce camp-là que je vois. Et je suis malheureuse, inquiète, de penser que les visiteurs qui viennent ici, seuls ou sans guide, puissent s'imaginer… Comment voulez-vous voir la fumée, les cris, les bousculades ? Ces dizaines de milliers de gens qui travaillent, qui courent, qui tombent ? Plus rien de tout ça. Les allées sont bien propres, bien nettes, ils ont mis des gravillons, un tapis en caoutchouc, pour que personne ne soit dans la boue. De toute façon, il n'y a plus de boue. Et pas âme qui vive, à part les petits groupes d'élèves qui passent de loin en loin. Les baraques ont été retapées, quand vous entrez, c'est impeccable, ils n'ont pas même pensé à glisser une fausse silhouette dans les coya.

Je ne ressens rien.

Je me dis que c'est la première fois, je cherche des choses, c'est pour ça… Mais c'est tout le temps ainsi, je vais là-bas, et c'est rien, un lieu tout à fait ordinaire, un faux lieu.

Birkenau, maintenant, c'est un décor.

Quelqu'un qui n'en connaît pas l'histoire peut ne rien voir.

D'ailleurs, quand j'y retourne, je dis toujours aux élèves : « Surtout, fermez les yeux, ne regardez pas ! »

Et je leur répète : « Sous chacun de vos pas, il y a un mort. »

Pendant toute la visite, je ne pense qu'à ça : si je reconnais ? J'essaie de reconnaître. Je crois reconnaître un endroit, et puis non. Je ne reconnais rien, rien du tout. J'ai deux numéros de bloc que Marceline m'a donnés avant mon départ, je ne m'en souvenais plus. Le bloc de la quarantaine, le 9, et celui d'après, où l'on travaillait, le 27. Le 9 ne me dit rien, mais tous sont conçus de la même façon. Le 27 : je me rappelle tous ces convois, à la fin. Lorsque j'ai été déportée à Birkenau, il était interdit de voir les trains arriver. Nous devions rentrer dans nos baraques. Mais, fin 1944, les convois étaient si nombreux, des wagons et des wagons de Hongrois, que nous aurions dû sans cesse regagner nos baraques au lieu de trimer. Du coup, on les voyait. Je me vois, moi, devant ma baraque, regarder les trains. Je vois les gamins qui descendent en sautillant. Je pense : dans deux heures, tu partiras en fumée.

Marceline avait raison : le bloc 27 n'est pas loin des rails. Mais j'ignorais qu'il était aussi près des chambres à gaz. L'endroit était camouflé et nous n'avions pas le droit de nous en approcher. On voyait sortir la fumée. L'odeur, je crois, fait partie des souvenirs communs à tous les déportés : un mélange de chair brûlée, mais ça on ne le savait pas, et de crasse.

Auschwitz, c'est différent. Auschwitz est un musée.

Toutes ces vitrines : ces tonnes de cheveux, ces tonnes de chaussures, ces paires de lunettes, ces vêtements pour bébé… Forcément, ça impressionne. Combien d'élèves doivent quitter la salle parce qu'ils se trouvent mal ?

Je n'aime pas Auschwitz, cette accumulation, un peu voyeuriste. J'ai l'impression que tout y est fait pour apitoyer. Ça ne m'a jamais impressionnée.

Il y a quelques années, on pouvait encore distinguer, parmi les masses de cheveux, ces boucles toutes faites, bien rondes, encore intactes, mais aussi des nuances : des blonds, des roux, des bruns, et même des blancs. Aujourd'hui, tout est gris. Vous avez le sentiment que si vous effleurez du bout des doigts cette masse, ce gigantesque nid, tout va partir en poussière. Alors, il restera quoi ? Je ne sais pas. Je ne sais pas comment ils vont faire.

Dans la salle des valises, on peut lire, inscrits sur les bagages, les noms, les âges. Quand ce sont des enfants, il y a leur date de naissance. C'est dur à voir, même si moi ça ne me fait rien, j'ai connu, j'ai vécu ça.

En revenant à Auschwitz, je ne sais rien ou presque de l'endroit. Il y a, avec nous, le professeur d'un lycée très connu, et le président de mon association, Raphaël. Je l'entends murmurer : « C'est la première fois qu'elle vient », alors que nous prenons place avec les élèves devant la reconstitution d'une chambre à gaz. Je sens son regard bienveillant, protecteur. Une guide polonaise prend la parole et nous explique comment cela se passait. D'abord, les Sonderkommandos, qui disent aux déportés, pour ne pas les effrayer : « Posez vos affaires, prenez bien vos numéros. » Puis qui les poussent très fort pour les faire rentrer dans la soi-disant salle de douche, qui ferment les portes, les bloquent. Et les gaz qui tombent. La guide polonaise conclut son exposé ainsi : « La mort est rapide, vingt-cinq minutes. »

Vingt-cinq minutes ?

Ce n'est pas possible.

Quand j'ai envoyé mon père et mon petit frère dans ces camions, j'espérais au moins avoir abrégé leurs souffrances, vous comprenez ? Je me disais qu'ils n'avaient pas eu à vivre tout ça, cette atrocité. Je pensais que cela avait duré trois, quatre minutes. Je ne me rendais pas compte de ce que cela voulait dire, pendant des années, j'ai eu cette idée : trois ou quatre minutes, après, la mort a fait son travail.

Elle dit : « La mort est rapide, vingt-cinq minutes. »

C'est très dur, ce moment.

Et plus dur encore d'apprendre dans quel état on retrouve les morts. Des années après ce premier voyage, pour les 70 ans de la libération d'Auschwitz, un rescapé des Sonderkommandos est là, qui nous raconte : les corps agrippés les uns aux autres, les plus costauds grimpés sur les plus chétifs, contre les murs, qui pensent qu'ils seront sauvés là-haut. Et une fois qu'on a retiré tous les cadavres pour laver le sol : le sang, les excréments, les bouts de peau déchirés… Et pendant ce temps-là, pendant ces vingt-cinq minutes, vous en aviez qui jetaient les granules, qui observaient… Non, ce n'est pas possible. Pour moi, c'est trop. Ce n'est pas humain.

Aux élèves, je le répète : c'est la haine qui a fait ça, la haine à l'état pur. Les nazis ont exterminé six millions de Juifs. Souvenez-vous de ce que vous avez trouvé impensable. Si vous entendez vos parents, des proches, des amis, tenir des propos racistes, antisémites, demandez-leur pourquoi. Vous avez le droit de discuter, de les faire changer d'avis, de leur dire qu'ils ont tort.

Le font-ils ?

Au début des années 2000, ils considéraient ce voyage un peu comme une classe verte : en hiver, ils faisaient des boules de neige dans le camp. Désormais, les élèves sont davantage préparés, concernés, attentifs. Ils savent ce qu'ils viennent voir.

Finalement, je savais très peu de chose, dans mon petit coin à Birkenau. J'ai appris, au fil du temps, des rencontres et des lectures, l'existence de commandos dont j'ignorais tout. À Birkenau, il y avait des portes. Je pensais que quand on ouvrait cette porte, on sortait du camp. En réalité, le camp était partagé en îlots et chaque îlot comprenait une dizaine de baraques. D'après Raphaël, Birkenau correspond à la superficie de 325 terrains de foot. On parle toujours d'Auschwitz, c'est petit en comparaison.

Lorsque je suis arrivée à Birkenau par le convoi 71, avec Papa et Gilbert, le train était à un kilomètre de l'entrée du camp, c'était une route à travers un champ gris cendré. Aujourd'hui, on peut visiter cet arrêt, la *Judenrampe*. Des pavillons ont été construits le long de la voie ferrée. Je ne sais pas comment on a pu laisser faire ça, laisser des familles s'installer là où des milliers et des milliers d'enfants sont arrivés et ont été assassinés. Dans les jardins de ces maisons, se dressent des portiques, des balançoires, des toboggans.

Il n'y a pas une fois où je retourne là-bas, sur la *Judenrampe*, sans penser à eux, mon père, mon petit frère, Gilbert, mon neveu. La dernière fois, c'était en 2019, quatre-vingts ans après la déclaration de la guerre, j'ai songé : il y a soixante-quinze ans, quasiment jour pour jour, je ne les ai pas vus descendre du train. Je ne leur ai même pas dit au revoir.

J'espère que vous ne pensez pas que j'ai exagéré, au moins ?

Si aujourd'hui, à 94 ans, je suis comme je suis, je le dois à ces voyages, aux sentiments et aux élèves qui vont nous remplacer quand nous ne serons plus là.

Merci à eux.

PAPIER À BASE DE
FIBRES CERTIFIÉES

Le Livre de Poche s'engage pour
l'environnement en réduisant
l'empreinte carbone de ses livres.
Celle de cet exemplaire est de :
150 g éq. CO_2
Rendez-vous sur
www.livredepoche-durable.fr

Composition réalisée par Belle Page

Achevé d'imprimer en février 2020 en Espagne par
Liberdúplex 08791 St. Llorenç d'Hortons
Dépôt légal 1re publication : mars 2020
LIBRAIRIE GÉNÉRALE FRANÇAISE
21, rue du Montparnasse – 75298 Paris Cedex 06

18/1061/6